AF262043

RÉPONSE

DE M. LE COMTE DU BOIS DU BAIS,

A UNE LETTRE

QUE LUI A ÉCRITE M. C. D. B.,

SUR

L'EXPLICATION QU'IL A DONNÉE DE SON VOTE DANS LA
MALHEUREUSE AFFAIRE DE LOUIS XVI.

IMPRIMERIE DE FAIN, PLACE DE L'ODÉON.

RÉPONSE

DE M. LE COMTE DU BOIS DU BAIS*,

A UNE LETTRE

QUE LUI A ÉCRITE M. C. D. B.

SUR

L'EXPLICATION QU'IL A DONNÉE DE SON VOTE DANS LA
MALHEUREUSE AFFAIRE DE LOUIS XVI**.

J'AI reçu, Monsieur, la lettre par laquelle, vous établissant mon juré, d'après l'insertion que j'ai cru devoir faire d'une explication de mon vote dans le Journal des Débats afin d'anéantir une prévention fâcheuse que des listes distribuées avaient fait naître partout contre moi, vous vous croyez en droit de me juger et de m'adresser des interpellations.

D'abord, ainsi que vous le dites, je ne demande point d'absolution ; car se justifier,

---

* Ex-sénateur.

** Par cette réponse, on jugera de ce que contenait cette lettre.

comme je l'ai fait, d'une fausse imputation,
ce n'est que demander justice. Il est de même
d'une haute absurdité, de votre part, de pré-
tendre que je me suis soumis à la question in-
tentionnelle, quand j'ai démontré que, loin que
j'eusse concouru par mon vote à la fatale con-
damnation du roi, il avait été rangé dans la
classe de ceux émis pour sa conservation :
on ne pouvait disposer autrement d'un vote
conditionnel, fait positif et incontestable.

Vous me demandez ensuite à quel titre je me
suis cru en droit de juger le roi?

Vous ne comptez donc pour rien le discours
que je fis pour m'y opposer, mon appel au
peuple, et d'avoir voté *le sursis* à l'exécution
du jugement, insérés dans les procès verbaux de
l'assemblée? Un membre est-il responsable de
la décision d'une majorité, surtout lorsqu'il l'a
combattue, et qu'il a employé tous les moyens
d'opposition qui étaient en son pouvoir? Ceci
est sans réplique.

Vous me demandez ensuite pourquoi je ne
me suis pas abstenu de voter?

Ma réponse, à cet égard, sera aussi simple
qu'elle me sera éminemment favorable. Si je
n'eusse pas voté, c'eût été un vote de moins pour
le roi, et je l'aurais conséquemment plus mal
servi ; car, si les vingt-six qui avaient voté aussi

avec condition, ne se fussent pas rétractés, d'a-
près un second appel que l'on fit à ce dessein,
et si cinq qui ne votèrent pas, eussent voté,
le roi eût obtenu la majorité en sa faveur ;
ayant formellement tenu à ma condition, lors
de ce second appel, mon vote, ainsi que vous
pouvez vous en convaincre, fut explicitement
rangé dans la classe des trois cent vingt et un
votes les plus favorables au roi, qui, avec treize
autres votes avec condition, formèrent les trois
cent trente-quatre votes composant malheu-
reusement la minorité des votans. Voyez, à
cet égard, le Moniteur du 2 janvier 1793,
page 110, contenant explicitement le résultat
du scrutin rectifié. Ceci est encore de fait positif et sans réplique.

Voulez-vous plus, c'est-à-dire, mieux encore, à l'occasion de mon vote et sur son effet ?
c'est qu'à la fin de l'appel nominal, ainsi que
le procès verbal de l'assemblée de ce jour le
constate *, tous ceux qui avaient voté la réclu-
sion, le bannissement ou *la mort avec condition*, se rangeant tous dans la même classe par

---

* Extrait du procès verbal de la convention nationale :
« A la fin de l'appel nominal, l'assemblée a reçu la décla-
» ration que lui ont faite tous ceux de ses membres qui
» n'ont pas voté pour la peine de mort, *ou qui y ont atta-*

un vœu unanime en faveur du roi, déclarèrent que, n'ayant point voté comme juges, mais comme législateurs, ils n'avaient entendu prendre, à son égard, qu'une mesure de sûreté générale.

Leur intention sur leur vote ne pouvait être expliquée d'une manière plus franche, plus atténuante, ni plus favorable au roi; et cette explication positive de mon vote, comme de celui de tous ceux qui avaient voté avec condition, comme moi, ne peut plus souffrir le moindre commentaire désagréable, puisqu'elle en efface en même temps le mot comme la chose, et ne présente plus à la pensée qu'une mesure conservatrice et la plus douce qu'on puisse infliger. C'était, en outre, une déclaration qu'on n'entendait participer en rien au jugement porté contre le roi, puisqu'on se récusait comme juge.

Mais, indépendamment de cette preuve matérielle de la pureté de mes intentions, et combien ma conduite et ma manière de voter

---

» *ché une condition :* qu'ils s'étaient déterminés à voter » comme législateurs, et non comme juges, et qu'ils n'a-» vaient entendu prendre qu'une mesure de sûreté géné-» rale ». Que pouvaient-ils dire et faire de mieux en faveur du roi ?...

étaient et sont irréprochables en tous points ,
dans cette trop malheureuse affaire, c'est qu'il
me serait facile de démontrer que mon vote ,
tel que je l'avais émis , était le plus efficace au
salut du roi, relativement aux circonstances ,
en le présentant , par la condition que j'y atta-
chais, comme un otage précieux à conserver :
seul moyen de lui obtenir , dans ce sens, plus
de votes favorables et surtout d'éviter le fer
menaçant des assassins , qui ne pouvaient con-
tester les avantages que cette condition offrait
en empêchant l'*envahissement du territoire
français* , et en arrêtant les effets de la guerre ;
mais , de plus , si , ce qui était impossible ,
la condition que j'avais proposée eût été
adoptée par la majorité de l'assemblée, l'existence du roi aurait été au pouvoir des puis-
sances qui combattaient pour son salut, ainsi
que l'Espagne le fit connaître à ce moment :
mon vote , sous ce rapport encore , l'eût
sauvé. Cette dernière observation n'est , de ma
part, qu'une surabondance de moyens justifica-
tifs en ma faveur, puisque, par la déclaration à
laquelle je participai, je convertis mon vote en
simple mesure de sûreté générale , en me récu-
sant comme juge. Au surplus, Monsieur, en
réduisant la question à ses plus simples termes ,
je dis que tous ceux qui avaient voté *le sursis*,

dernier refuge de salut pour le roi, avaient voulu, et de bonne foi, le sauver; en ne votant donc pas, ainsi que vous l'auriez voulu, on ne faisait que donner plus de force au parti contraire, voilà pourquoi on trouve mon vote sur toutes les questions; le vrai courage et le seul moyen de vaincre, s'il y en avait un, était d'être sur la brèche, toute périlleuse qu'elle était; votre reproche, comme celui de bien d'autres, sur ce point, est donc bien fautif.

Vous me demandez ensuite, Monsieur, pourquoi je n'ai pas fait ceci? pourquoi je n'ai pas fait cela? Assis dans votre fauteuil fort à votre aise, livré sans trouble quelconque et avec calme à vos idées, rien de si facile que de faire de semblables questions. Vous me supposez alors, bien gratuitement comme vous, dans la position la plus calme, maître paisible de toutes mes actions, et libre d'émettre toutes mes pensées; cependant j'étais, réunissant tous les titres de proscription, placé au milieu des orages révolutionnaires les plus actifs, les plus menaçans et les plus périlleux; il n'y avait pas de membre sage et bien intentionné de l'assemblée, pour ne pas dire un grand nombre, à l'exception de la faction Roberspierre, horriblement puissante au dehors, qui n'eût la pointe d'un poignard sur la poitrine. Où étiez vous alors et beaucoup d'autres ?.... Quel appui avaient ceux qui voulaient sauver le roi ?.... Devaient-ils, dans une position aussi difficile et aussi périlleuse, heurter d'une manière trop tranchante l'opinion affreusement dominante, et ne pas prendre les moyens d'en affaiblir les effets, et même de les anéantir sans trop la choquer ? Est-ce en heurtant les vents et les vagues affreuses au milieu d'une tempête, ou en louvoyant, qu'un navigateur habile peut se garantir et son équipage du naufrage, et arriver heureusement au port ? Fallait-il que les hommes sages se perdissent sans but et sans fruit, ou qu'ils se conservassent pour abattre la faction sanguinaire, ainsi qu'ils l'ont fait dès que le moment leur en parut favorable, pour sauver des milliers de victimes vouées encore au fer révolutionnaire ? Voilà mon crime, Monsieur, et celui de ceux que vous appelez *mes complices.*

Oui, c'est par eux et par moi que Roberspierre et ses sicaires furent anéantis, et que leurs échafauds furent abattus ; c'est par eux et par moi que les prisons encombrées furent ouvertes, et que tous les genres d'oppression cessèrent ; ce sont eux et moi qui ont voulu et commandé, lorsqu'ils l'ont pu, le retour de l'ordre, de la justice et du respect des personnes et des propriétés ; nombre d'eux, ainsi que moi,

siégeant au sénat, n'ont-ils pas aussi, comme ab-
horrant toute espèce de tyrannie, concouru à la
déchéance de Buonaparte et au retour *paisible*
de l'auguste famille des Bourbons ? Roberspierre
vivant et Buonaparte régnant eussent prononcé
le même jugement que vous contre moi et mes
prétendus complices ; j'étais inscrit à cet effet sur
une liste du premier, lors qu'il paya la peine due
à ses crimes ; il me signala dans son dernier
discours comme ayant voulu sauver des gens
d'épée sous le titre de cultivateurs : qu'avais-je
à espérer, si le second eût triomphé ? Et vous
aussi, Monsieur, vous avez l'*extrême bonté* de
prononcer comme eux contre moi !... Mais,
pour vous y autoriser mieux, voici un détail
de mes délits particuliers, dont votre *indulgence
signalée* me force de vous faire l'aveu.

Partout où je fus employé, dans ces temps
malheureux, je fis cesser l'oppression, j'ouvris
les prisons, je sauvai nombre de victimes me-
nacées, et j'osai déclarer qu'exempt de tout es-
prit de parti, les opinions, telles qu'elles fussent, ne me regardaient pas, parce que la
pensée était le domaine le plus indépendant
de toute puissance quelconque ; j'ai même ex-
posé plus d'une fois mon existence pour sauver
celle d'individus poursuivis et menacés même à
l'époque la plus périlleuse de la révolution.

Un grand nombre d'émigrés, à leur retour en France, et particulièrement de mes anciens camarades, ont reçu de moi des services de tous les genres pour adoucir leur position, soit en leur faisant obtenir des places pour exister, dont plusieurs en occupent encore, soit en les aidant de toutes les manières possibles à ma disposition ; je me suis rendu le responsable de plusieurs pour les faire sortir de prison ou pour arrêter des poursuites dirigées contre eux par la police. A combien d'émigrés n'ai-je pas procuré des actes d'amnistie !..... En un mot, dans le cours de toutes les fonctions que j'ai eu à remplir depuis plus de vingt ans, il me restera toujours la douce satisfaction de n'en avoir usé que pour faire des heureux et soulager le malheur, sans que jamais qui que ce soit puisse avoir à se plaindre de ma part d'aucun acte le moindrement arbitraire, oppressif ou injuste ; je n'ai jamais envié, demandé ni brigué de place, et n'ai jamais désiré d'autre bien que l'estime publique, qu'aucune puissance ne me ravira. Anathème, anathème donc, Monsieur, contre quelqu'un couvert de semblables crimes ; et point de pardon *.

Je pourrais vous en donner bien des preuves matérielles des plus convaincantes et plus

---

* Il l'offrait en finissant sa lettre.

fortes les unes que les autres, si un sensitiment, que vous concevrez, ne me retenait...

L'homme de bien, de quelque parti qu'il soit, quelle que soit son opinion, est toujours homme de bien, et n'a jamais d'autres guides dans sa conduite, soit privée, soit politique, que la bienfaisance, la plus sévère justice et l'humanité.

Je vous salue,

Le Comte DU BOIS DU BAIS.

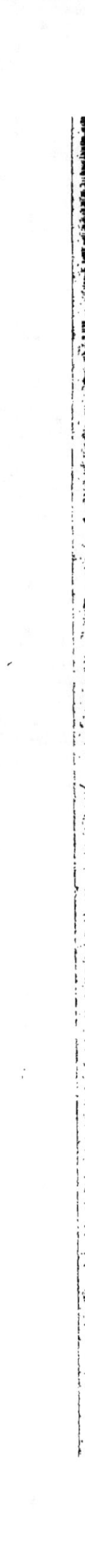

www.ingramcontent.com/pod-product-compliance
Lightning Source LLC
Chambersburg PA
CBHW061802060726
47597CB00007B/3072